Roberto Alborghetti

Santa Geltrude Comensoli

Una vita per l'Eucaristia

ELLEDICI
EDITRICE VELAR

TESTI
Roberto Alborghetti

FOTOGRAFIE D'ARCHIVIO
Casa Generalizia Suore Sacramentine di Bergamo
Roberto Alborghetti
Editrice Velar

RIPRESE FOTOGRAFICHE E IMPAGINAZIONE
Augusto Maraffa

24020 Gorle, Bg
www.velar.it
ISBN 978-88-7135-392-0

Esclusiva per la distribuzione in libreria
Elledici
10098 Cascine Vica, To
www.elledici.org
ISBN 978-88-01-04271-9

I.V.A. assolta dall'Editore ai sensi dell'art. 74, 1° comma,
lettera C, D.P.R. 633/72 e D.M. 09/04/93.

Seconda edizione: marzo 2011

Introduzione

In poche ma preziose pagine, l'autore ripercorre le tappe più significative e determinanti della vita di Geltrude, al secolo Caterina, mettendo in luce i tratti che hanno scandito il suo cammino di fede e di vita. Dalla lettura del testo si possono infatti cogliere le sfumature più significative della vita di Geltrude. Lei, donna con una vita veramente e intensamente eucaristica. Innamorata e attratta dal Cristo Pane di vita, tanto ha ricevuto e tanto ha dato di se stessa a Dio, agli altri, alla Chiesa e alla società, facendo tutto in memoria di Lui.

Geltrude, donna e discepola dal cuore animato dalla passione per Dio e per l'uomo; capace di scrutare il mistero di Dio per rileggerlo alla luce della vita e dei disegni che la volontà di Dio pensava e suscitava in lei.

Geltrude, piccola grande donna capace di lasciarsi amare e di amare con la tenerezza e la determinazione di chi ha capito che nulla è impossibile per chi crede, anche quando l'amore si mescola inevitabilmente con le asprezze o le incomprensioni della vita, preludio all'esplosione della grazia e della pienezza.

Geltrude, donna, come tutti preoccupata e occupata nelle "cose" del mondo ma serena nel cuore e docilmente abbandonata alle "cose" di Dio nella luce della fede, non solo ha creduto, ma ha seguito questa luce sorretta dalle Parole di Gesù: «chi segue me non camminerà nelle tenebre, ma avrà la luce della vita» (Gv 8,12). E quanto ha camminato Geltrude, soprattutto quanto sarà stato duro e difficile il percorso di vita del 1889, quando tutto sembrava destinato a finire. Ma ancora una volta Dio ha avuto ragione sulle conclusioni degli uomini: «chi pone la speranza nel Signore non resta deluso». Porre la speranza nel Signore vuol dire accogliere anche la logica della Croce nel silenzio e in un fiducioso abbandono; «se il chicco di grano caduto in terra non muo-

re, non porta frutto, se invece muore produce molto frutto» (Gv 12,24). E così da quella terra apparentemente destinata a non portare più frutto, rinascono piccoli germogli che ancora oggi sono vivi.

Geltrude, donna audace e senza paura, ha percorso un cammino di vita che l'ha portata a seguire il sentiero della santità perché ha vissuto l'ordinaria straordinarietà dell'Eucaristia. Ogni giorno tutto nasceva dall'Eucaristia e tutto cresceva nell'Eucaristia, perché ha sempre "celebrato, pregato e vissuto" l'Eucaristia non come un momento tra i tanti della giornata ma come "il momento cuore...".

Geltrude ha camminato e cammina accanto a noi e con noi. La sua presenza è punto di riferimento e di stimolo per rispondere con la chiamata e il dono di sé alle attese del mondo, formulando parole e testimonianze attinte al vocabolario proprio dell'Eucaristia: accoglienza, ascolto, perdono, offerta, comunione, ringraziamento, compito e missione; rispettando la "grammatica dell'amore" e guidati dalla "sintassi della comunione con Dio".

La fatica e la gioia che hanno accompagnato Geltrude nella ricerca di Dio e della sua volontà, la sua fame insaziabile di Cristo, il suo desiderio ardente di stare alla sua presenza contemplandolo nel segno eloquente di un amore incondizionato quale è l'Eucaristia, sono oggi per noi uno stimolo a recuperare quello che con parole solenni si chiama carisma di fondazione, ma che più semplicemente possiamo anche definire stile di vita, Vangelo vissuto.

Luca Zanchi *sss*

direttore de L'Emanuele

Un Pane per la Vita

È una fredda mattina di febbraio. Per le strade dell'antico borgo di San Leonardo si ode lo scalpiccio dei passanti infreddoliti, che tirano diritti nel rigido clima della Bergamo di inizio '900. Ma in via Cavette al numero 10 c'è chi si ferma e guarda lassù... In una piccola cella, al piano superiore del convento, le ore scorrono lente. La Madre sta male. Il respiro è in affanno. Il corpo debilitato. Le ultime forze spingono un sussurro, anzi una domanda. La Madre chiede: "Continuerà sempre l'adorazione?". Chi le è vicino fa cenno di sì. Lei allora abbozza un sorriso e lentamente volge il viso a destra, cercando con gli occhi un riquadro nel muro: è una minuscola finestra attraverso la quale – superando un oblò praticato nel parapetto della cantoria – si intravede in distanza l'altare maggiore, il tabernacolo, l'ostensorio con la particola consacrata. È il suo riquadro di cielo, dal quale può gettare lo sguardo su un fragile frammento di pane: la ragione ed il senso della sua vita. La Madre, pur nel dolore, riesce a fissarne la forma ed il candore. Ed accenna un flebile commento: il suo ultimo respiro.

Così spirò, in quel mercoledì del 18 febbraio 1903, Madre Geltrude Comensoli, cinquantasei anni ed un mese di una vita consumata per Dio, per il prossimo, per i poveri. E per quel Pane eucaristico che sfama il desiderio d'amore del mondo. Una grande donna, Madre Geltrude.

Il suo riquadro di cielo...
e l'ultimo respiro.

La sua ruota della vita.

Lo dicono le sue opere, le sue splendide "lezioni di vita". Lo testimoniano i miracoli della fede, della speranza e della carità che si rinnovano ogni giorno negli sperduti angoli del pianeta, dove è viva e palpitante la sua missione, affidata alle Suore Sacramentine, la Congregazione da lei fondata. Un'esistenza, la sua, vissuta in un rapporto profondo con l'Assoluto, affrontata a viso aperto in una relazione mistica con il Santo Sacramento, Pane di vita, Pane che salva. Una sfida, la sua, gettata nel vortice di una società in rapido mutamento: un "pezzo di Pane" come punto fermo per guarire i mali dell'umanità, di ieri, di oggi e di domani.

Geltrude Comensoli ha percorso i suoi anni proiettata ed assorbita dal cerchio di un'Ostia consacrata, dove non c'è punto di partenza e di arrivo, ma solo uno spazio circolare e continuo. La sua ruota della Vita. Tutto, per lei, iniziò a muoversi in un piccolo paese della Valle Camonica, terra di frontiera, di segni e di fede.

Madre Geltrude Comensoli, fondatrice dell'Istituto.

Come un cavallo senza briglia

Caterina nasce il 18 gennaio 1847, a Bienno, allora appartenente alla provincia di Bergamo, nella valle che il fiume Oglio ha scavato scendendo dal Tonale e dall'Adamello. È la sesta dei dieci figli messi al mondo da Anna Maria Milesi e Carlo Comensoli. Lui "fucinaro", lei sarta. È portata al fonte battesimale ventiquattr'ore dopo, il 19 gennaio, tra le braccia della madrina, la zia materna Lucia; l'acqua benedetta le è versata sul capo dal cugino del papà, don Angelo. La famiglia Comensoli vive, come tante altre, in una valle poverissima, dove la preoccupazione della sopravvivenza è un pensiero fisso. E dove, per un figlio, c'è sempre e comunque un posto, insieme al calore di chi lo attende come un dono del cielo, nonostante le avversità della terra. Ne sanno qualcosa, in proposito, Anna Maria e Carlo, che per sette volte portano al camposanto le piccole bare di altrettanti figli, che soccombono nell'urto con le durissime condizioni di vita, falciati dalle malattie e dall'indigenza.

Sono gli anni dei moti risorgimentali. Ancora rimbombano gli echi della rivoluzione contro l'occupazione asburgica.

Soffia il vento dell'impeto patriottico, della repressione, delle dieci giornate della "Leonessa d'Italia", dei suoi martiri e dei suoi eroi. Ci sono sogni di libertà e d'indipendenza, che prendono forma sui campi di battaglia, tra le sofferenze di chi vive in

Bienno.
La casa natale di Caterina Comensoli con l'attuale portoncino di entrata.

La mamma Anna Maria Milesi.

Fonte battesimale della parrocchia di Bienno.

miseria, tra chi cade non solo a San Martino e Solferino, ma anche per il colera, per la mancanza di cibo, per le malattie, che stroncano vite appena sbocciate. Come, appunto, le sorelle e i fratelli di Caterina. Lei – insieme alle sorelle Bartolomea, nata nel 1840, e Cristina, venuta alla luce nel 1845 – è una sopravvissuta. E forse avverte di essere stata privilegiata rispetto a tanti altri coetanei, fratelli e sorelle compresi. Anche per questo la sua vitalità è straripante: "Correvo come un cavallo senza briglia nell'ortaglia, nei prati, colle mie sorelline, indi andavo in chiesa per la visita e là i soliti rimproveri; piangevo e dicevo a Dio che mi togliesse questa smania di giocare", così scriverà Caterina più tardi nella sua breve Autobiografia.

Vivace, intraprendente, estroversa. Ma anche affabile, sensibile, riflessiva. Un'infanzia serena, la sua, trascorsa tra i banchi di scuola e le scorribande tra il labirinto dei vicoli, con le abitazioni che si addossano le une alle altre, come per prendere coraggio insieme. La storia di Bienno è raccontata dall'antico borgo rurale, dalle torri, dalle case e dalle chiese. Un passato che parla di magli e di fucine per la lavorazione del ferro, di un territorio conteso per la posizione strategica, di segni e disegni che narrano di una religiosità radicata, di affreschi e dipinti eseguiti da impareggiabili mani d'artista. Davanti alle pale d'altare – dove si rincorrono immagini sacre firmate dal Romanino, dalla scuola di Pietro Giovanni da Cemmo e del Fiamminghino – la piccola Caterina rilegge pagine di Vangelo. E prega nella penombra delle chiese di Bienno: l'Annunziata, la

Parrocchiale dei Santi Faustino e Giovita, Santa Maria Maddalena, l'eremo di San Pietro... Nella sua Autobiografia, nel ricordare l'infanzia, Caterina rivela che "bambina ancora di cinque anni, Gesù mi faceva sentire al cuore un grande desiderio di amarlo tanto, ed andava ammaestrandomi in ciò che dovevo fare per piacergli ed essere tutta sua".

Sono le "voci di dentro", che Caterina inizia a percepire sempre più distintamente. Come quando avverte il desiderio, irresistibile, di ricevere l'Ostia consacrata. Sa che dovrebbe aspettare: non ha ancora compiuto sei anni. Ma il richiamo interiore è troppo forte. C'è quella forza che la spinge ad osare. Così una mattina, nell'antica chiesetta di San Carlo, si porta alla balaustra e con estrema naturalezza riceve la particola. "Ritta in piedi sulle balaustre, il sacerdote mi comunicò; nessuno mi vide. Impossibile che la penna descriva quei momenti...", così ricorderà quella prima Comunione, bramata e "clandestina", che segnerà il suo sorprendente itinerario giovanile ed il resto dei suoi giorni.

Bienno. *L'antica chiesetta di S.Carlo.*

Caterina riceve l'Ostia consacrata.

Chiesa dell'Annunziata.

“Vi giuro un milione di volte...”

Caterina gioca serenamente; offre aiuto ai poveri e medita accanto a Gesù.

È davvero esuberante la fede di Caterina. L’arciprete, don Orazio Simoni – una nobile figura di pastore – cerca di imbrigliarne l’impeto. Ma è impresa ardua, come frenare le correnti del Vaso Re e del Grigna, che attraversano Bienno e mettono in movimento le grandi ruote delle fucine. Caterina, ogni sabato, si accosta alla Confessione. A sette anni e mezzo riceve la prima Comunione ufficiale. Una lunga ed estenuante attesa: “Mi fecero aspettare quasi un anno e mezzo prima di ammettermi di nuovo alla Santa Comunione – scrive – cioè fino ai sette anni e mezzo, perché ero troppo viva e sempre irrequieta...”.

Implacabile con se stessa e con le sue intemperanze, prega, medita e legge.
Ricorda: “Era tanta la consolazione che io provavo nel leggere le vite dei santi che mi nascondevo per dare libero sfogo alle lagrime e avrei voluto imitarli, specialmente nell’orazione e nelle penitenze. Era tanta poi la brama che avevo di morire che mi gettavo in terra davanti all’Adorabile Sacramento, ogni giorno, per ore...”.
Gesti e pensieri che scavano nel profondo. E che portano Caterina a rifuggire dal disimpegno. Si fa angelo pacificatore nei litigi, aiuta le coetanee nell’apprendimento scolastico, annulla l’indifferenza con il sorriso, condivide i disagi altrui. I poveri la interrogano e la muovono all’impegno. Con loro divide sempre il pane. In nome

Bienno.
La chiesa parrocchiale e un particolare dell'interno.

Nella pagina precedente:
L'antico borgo rurale di Bienno, con le immagini di un passato che parla di mulini, magli e fucine.

di quel Pane dal quale è attirata e soggiogata. In modo irruento e travolgente. Nella preghiera davanti a Gesù sacramentato, arriverà a dire: "Voi sarete lo Sposo mio... Vi giuro un milione di volte che sarò sempre vostra, e se mai vi fossi infedele, allora prendetemi subito prima". Parole che le incidono la vita e la carne. E che la portano a progettare scelte definitive e radicali. "Avevo l'idea fissa di farmi santa": così confida nella sua Autobiografia.

Ma la via della santità non è facile.
Necessita allenamento, vigilanza, autodisciplina. Ed anche aiuti e consigli, come

quelli delle zie paterne Elisabetta e Ippolita e quelli di Giovanna Rizzieri e Marianna Vertova, animatrici dell'oratorio femminile e Figlie di Sant'Anna. A dodici anni, col permesso del confessore, fa voto di obbedienza e s'impegna "nella pratica dell'umiltà e nella rinnegazione della volontà". Il suo percorso da adolescente è segnato da mortificazioni, rinunce e sacrifici. Diventa "la serva e lo straccio di casa" al fine di "santificarmi e di essere di buon esempio a tutti". Mamma, papà ed il parroco frenano inopportune "fughe in avanti". Le proibiscono di dormire per terra, la invitano a coprirsi contro il freddo e ad alimentarsi con regolarità.

Ma nulla da fare. Caterina non demorde. C'è sempre quella "voce potente" che la chiama, che le fa avvertire una "grande pena" per tutto ciò che non tende a Dio. Si sente come in gabbia, tanto che papà Carlo la chiama "il piccolo leone, la fiera, la romita, e io provavo gran pena perché non comprendevano e non mi lasciavano libera da tante ciarle inutili". È quattordicenne quando, il 5 ottobre 1861, riceve la Cresima per mano di mons. Gerolamo Verzeri, Vescovo di Brescia, fratello di Teresa Verzeri, che in quegli anni, a Bergamo e Brescia, sta consolidando una nuova congregazione religiosa, le Figlie del Sacro Cuore di Gesù. Il segno del Crisma è un'ulteriore sferzata al suo spirito. Si dice pronta per la scelta della vita consacrata. Ne parla con mamma e papà, che a denti stretti concedono l'assenso. Nel 1862 entra come postulante nel noviziato di Lovere delle Suore di Carità fondate nella prima metà dell'Ottocento dalle compiante Bartolomea Capitanio e Vincenza Gerosa.

Santa Teresa Eustochio Verzeri in un dipinto dell'epoca.

In alto: Caratteristica fontana a Bienno.

La "rivoluzione" della carità

Tra le mura del convento Caterina assorbe gli orientamenti religiosi di un'epoca di grandi mutamenti. La devozione a Maria, al Sacro Cuore di Gesù ed all'Eucaristia sono gli elementi fondanti di un piano pastorale che sta rinnovando le comunità ecclesiali, la vita di fede, il ruolo stesso dei cattolici in un tessuto socioculturale che – anche con l'avvento dell'industrializzazione – sta assumendo identità nuove.

È come una "reazione", un "risorgimento" parallelo, nel nome del Vangelo. È una risposta, in termini di idee e di azioni, anche ai violenti attacchi dei movimenti anticlericali. C'è una parte politica che, liquidati i vecchi regimi, vuole fare i conti anche con chi professa la fede cattolica, con chi segue il magistero del Papa e della Chiesa, con il patrimonio di fede trasmesso dalla storia. Sono tempi di conflitti e di lacerazioni, ma anche di un rinnovamento di energie e di proposte liberate attraverso le intuizioni e la profezia di straordinarie figure. Il contesto geografico nel quale vive la giovane Comensoli è ricco di grandi testimoni di santità. Come già detto, a Lovere è viva l'opera di Bartolomea Capitanio e Vincenza Gerosa. A Brescia e a Darfo è attiva la fondazione della già citata Teresa Eustochio Verzeri. A Cemmo agisce Annunciata Cocchetti con le consorelle Dorotee. Per non

Don Luigi Palazzolo con i suoi ragazzi.

Don Francesco Spinelli.

Costanza Cerioli.

Innocenzo da Berzo.

Caterina Cittadini.

parlare di altri luminosi esempi, come quelli di Maria Crocifissa di Rosa con le Ancelle della Carità. In Bergamo sono in pieno sviluppo le opere educative e caritative di Paola Elisabetta Cerioli e delle sorelle Caterina e Giuditta Cittadini. Certo, in prima linea ci sono anche sacerdoti, religiosi e laici – come don Pietro Boifava,

Bienno.
Palazzo Fé d'Ostiani.

La Contessa Barbara Fé d'Ostiani e G. Battista Vitali.

padre Maurizio Malvestiti, don Luigi Palazzolo, i fratelli don Luca e don Marco Passi, don Ludovico Pavoni, frate Innocenzo da Berzo, Giuseppe Tovini e Mosè Tovini: quest'ultimi tre originari di paesi confinanti con Bienno – ma è il "genio femminile" a qualificare una vera e propria "rivoluzione della carità", condotta in punta di preghiera.

Caterina intravede percorsi di spiritualità e di apostolato. Ma, come accade ai santi, la trama del disegno di Dio ha tempi e modi imprevedibili. Una grave malattia le impedisce di continuare il noviziato: dopo solo sei mesi è costretta a rientrare in famiglia. Le cure richiedono tempo. La prospettiva di rientrare in convento si allontana. Caterina è delusa ed afflitta. I sogni sembrano vacillare. Cerca di reagire. Con il proprio confessore traccia un metodo di vita: dodici punti attorno ai quali costruire le proprie giornate ed un cammino di perfezione. Se li scrive di proprio pugno, con una forza disarmante, come quando dice: "Cercherò di esercitarmi un po' ogni giorno con qualche atto di umiltà. Di me non parlerò né bene né male, non alzerò mai la voce...". Rivela una straordinaria capacità di leggersi dentro e di rapportarsi con gli altri: "Non paleserò mai gli altrui difetti, nemmeno vi rifletterò, né permetterò alla mia fantasia che vi si fermi...". Manifesta una dose non comune di autocontrollo: "Non permetterò mai alla mia immaginazione che si fermi né sul passato, né sul futuro, né sugli altri; mi manterrò sempre di carattere uguale nel mio interno, sempre di buonumore, paziente e di soave maniere, accondiscendente, affabile con tutti...".

Nel buio della crisi

Nel 1864 Caterina entra nella Compagnia di Sant'Angela Merici, che a Brescia ritrova slancio con le sorelle Elisabetta e Maddalena Girelli ed il Vescovo Verzeri. Nella fondazione secolare – aperta alle giovani che desiderano vivere un itinerario spirituale – la diciassettenne Caterina guida i gruppi, calamita attenzioni e simpatie per le indubbie capacità di animatrice. Ma non è ancora ciò che Caterina desidera e pretende. Cade nello scoramento e nella delusione. È come disorientata. Lentamente scivola nelle distrazioni, nell'autocompiacimento, nella superficialità. Subendo la presenza dei cugini – uno dei quali non esita a corteggiarla – Caterina, pur non staccandosi dalle pratiche di pietà, prende ad occuparsi di sé, a curare i dettagli dell'abbigliamento, a sostare più volte davanti allo specchio, a concentrarsi su cose frivole. Ma il suo cuore è in tumulto e la sua anima in pena.

C'è un'invocazione d'aiuto che preme sulle corde vocali e che in una giornata di settembre viene accolta e liberata.

Teresina Rota, sorella di Monsignor G. Battista, attiva "Figlia di S. Angela Merici", a Chiari.

Caterina parla alle giovani sul colle della Maddalena.

Ce lo racconta lei stessa: "Ero in campagna coi miei genitori e parenti alla vendemmia, quando tutto ad un tratto mi sento chiamata internamente: restai lì come fulminata. Vidi come in uno specchio la mia infedeltà ed il cattivo stato della mia anima...". Caterina riprende coraggio. Prega. Ritrova i fili del dialogo con il Padre. È un confronto drammatico.

Mons. Luigi Speranza, Vescovo di Bergamo dal 1853 al 1879.

Le "voci di dentro" la inseguono, non le danno tregua: "Figlia, è mio il tuo cuore, e lo deve essere tutto, non in parte; se non sarai fedele al mio amore, io non mi curerò più di te... Il tuo cibo sarà la mia volontà...".

È una prova di forza, sostenuta dalla provvidenziale guida del nuovo parroco di Bienno, don Francesco Gheza, successore di don Simoni, nominato Vicario generale del Vescovo di Bergamo, mons. Luigi Speranza, tra i protagonisti dell'Italia cattolica dell'Ottocento, uomo che vive le trasformazioni di quei decenni difendendo l'esperienza cristiana da ingerenze e da abusi. È proprio al Vescovo bergamasco che Caterina chiede ascolto e guida.

Monsignor Speranza, grande formatore d'anime – alla sua scuola si temprano la stessa Teresa Verzeri, Paola Elisabetta Cerioli, don Luigi Palazzolo – intuisce che nel cuore della giovane di Bienno pulsa un amore sconfinato per Cristo.

La esorta a proseguire il cammino. Il 23 dicembre 1867 Caterina emette la Professione nella Compagnia di Sant'Angela con voti da rinnovarsi ogni anno e nel 1868, nella festa del Corpus Domini, fa il voto di verginità perpetua.

È il punto di non ritorno verso un traguardo che sembrerebbe ormai vicino.

"Ho già scelto di meglio"

Caterina vorrebbe che tutto si compisse ora e adesso. Ma sembra che nulla accada. Sembra… Agli inizi degli anni '70, papà Carlo è colpito da una grave forma di paralisi progressiva. È costretto a lasciare il lavoro. I Comensoli vedono restringersi le già esigue possibilità economiche. Caterina decide di darsi da fare. Trova occupazione come domestica a Chiari, presso una famiglia benestante e stimata, quella del parroco don Giovanni Battista Rota. È accolta con grande disponibilità. Tre sorelle di don Rota appartengono alla Compagnia di Sant'Angela; una di esse, Teresina, è superiora del gruppo di Chiari, quindi anche di Caterina. Trascorre a Palazzo Rota più di quattro anni. Non sarà tempo buttato al vento. Anzi. Sempre per gli insondabili piani divini, quell'esperienza – soprattutto per l'incontro con don Rota, che sarà nominato Vescovo di Lodi nel 1888 – sarà utile e determinante.

Da Chiari a Capriate San Gervasio. Caterina si sposta nella pianura bergamasca. È stata mamma Anna Maria a gestire la trasferta, esaudendo il desiderio della nobile famiglia Simoni Fè d'Ostiani di Bienno, che le aveva richiesta la figlia per il ruolo di governante presso la contessa Ippolita Fè d'Ostiani, coniugata con il nobile Gian Battista Vitali. Qui si trattiene dal 1874 al 1882. Otto anni intensi ed importanti. Al seguito dei nobili Fè d'Ostiani-Vitali, compie viaggi e conosce realtà nuove.

La Contessa Ippolita Fé d'Ostiani - Vitali.

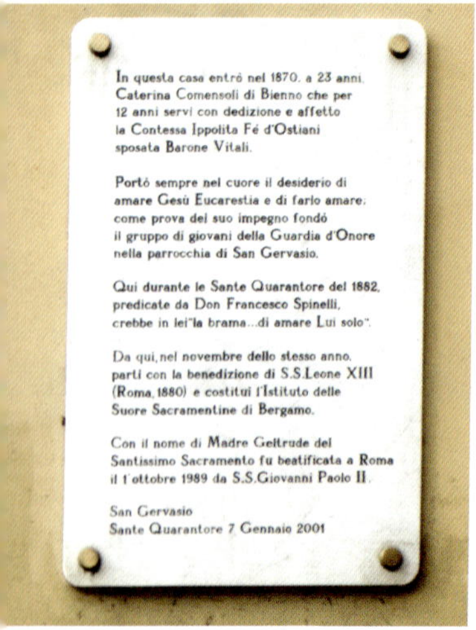

In questa casa entrò nel 1870, a 23 anni,
Caterina Comensoli di Bienno che per
12 anni servì con dedizione e affetto
la Contessa Ippolita Fè d'Ostiani
sposata Barone Vitali.

Portò sempre nel cuore il desiderio di
amare Gesù Eucarestia e di farlo amare:
come prova del suo impegno fondò
il gruppo di giovani della Guardia d'Onore
nella parrocchia di San Gervasio.

Qui durante le Sante Quarantore del 1882,
predicate da Don Francesco Spinelli,
crebbe in lei "la brama...di amare Lui solo".

Da qui, nel novembre dello stesso anno,
partì con la benedizione di S.S.Leone XIII
(Roma, 1880) e costituì l'Istituto delle
Suore Sacramentine di Bergamo.

Con il nome di Madre Geltrude del
Santissimo Sacramento fu beatificata a Roma
il 1 ottobre 1989 da S.S.Giovanni Paolo II.

San Gervasio
Sante Quarantore 7 Gennaio 2001

S. Gervasio d'Adda. *La residenza estiva dei Conti Fè d'Ostiani Vitali, la targa esterna e un elegante particolare dell'interno del palazzo.*

Prende coscienza delle povertà e del disagio di chi vive ai margini. Se ne lascia interrogare e provocare. Intensifica le pratiche di pietà. Anima la vita parrocchiale. Si prende cura dei più giovani. Intreccia dialoghi con sacerdoti – tra i quali preminente è padre Marino Rodolfi, dei Padri Filippini della Pace, già suo direttore spirituale a Chiari – e redige il suo secondo "regolamento di vita".

Caterina – lo dicono le testimonianze – è una giovane di rara bellezza: gli occhi scuri e definiti, il viso ovale, luminoso e dai lineamenti gentili, i capelli neri e crespi, un po' ribelli, la fronte spaziosa, lo sguardo deciso, l'espressione dolce ed il portamento nobile e fiero. Difficile che passi inosservata. Ed inevitabili le proposte di matrimonio, come quelle del nobile Marco Antonio Fè d'Ostiani, fratello della contessa. Ma al conte, come ad altri, la risposta è, e sarà, sempre la stessa: "Ho già scelto di meglio". E cosa intenda per "meglio", Caterina lo manifesta nel 1874,

quando fonda in parrocchia la Compagnia della "Guardia d'Onore del Santissimo Sacramento", un sodalizio che promuove la devozione al Sacro Cuore di Gesù. Sul destinatario del proprio amore Caterina non ha dubbi: "Amiamo tanto Gesù. Che sarebbe di noi se non avessimo l'Eucaristia?".
Nel suo cuore lievita un'idea: una congregazione religiosa per l'Adorazione perpetua di Gesù Eucaristico.

Ma giorni amari l'attendono. Nel 1877, a primavera appena iniziata, Caterina è richiamata a Bienno. Sua mamma sta male. Si sta spegnendo. È un doloroso ritorno a casa, ad abbracciare per l'ultima volta la mamma Anna Maria, che lascia questa terra il 27 marzo. Nemmeno due anni dopo, il 21 febbraio 1879, anche papà Carlo muore. Per Caterina sono mesi di sofferenza. Nell'arco di un biennio vede tranciati i fili che la legano ai genitori, alla sua famiglia. È come se non avesse più protezioni e si librasse nel vuoto.

San Gervasio d'Adda.
Antica parrocchia e una strada del paese.

La Compagnia della "Guardia d'Onore del Santissimo Sacramento".

Il giorno in cui tutto iniziò

Sua Santità Papa Leone XIII (1810-1903).

Caterina si trova sola, ma c'è il suo Gesù, al quale fa domande e chiede risposte. Per sé e per la sua vita. È il momento delle decisioni. E anche di agire. Nell'inverno tra il 1880 ed il 1881, in uno dei viaggi al seguito della contessa Fè d'Ostiani Vitali, soggiorna a Roma, ormai capitale d'Italia.

Caterina ha un sogno: incontrare il Santo Padre, Leone XIII, per presentargli il progetto di una nuova fondazione religiosa. Lo straordinario incontro avviene. È lei stessa e rivelarne l'esito: "...Gli esposi la mia intenzione ed Egli, dopo avermi benignamente ascoltata, mi rispose: 'Non di clausura, figlia, c'è grande bisogno di aiutare le giovani e in specie le operaie. Sia pure il vostro Istituto di adorazione, ma anche di vita attiva, dedicato alla educazione'".

Sono le indicazioni che il cuore di Caterina aspetta di ascoltare. Il Papa che dieci anni dopo promulgherà la *Rerum Novarum*, le indica una strada, una missione. Lei non sta più nella pelle. Sa che non deve perdere tempo. A Bergamo si presenta al Vescovo Camillo Guindani, che il 18 febbraio 1881 aveva assunto la guida della Diocesi, succedendo al compianto mons. Luigi Speranza. Il Vescovo l'ascolta, ne apprezza lo slancio apostolico e condivide l'idea di una congregazione di adorazione perpetua, una novità per la Chiesa bergamasca. Ora occorre tradurre nel concreto

Nella pagina seguente: Caterina incontra Papa Leone XIII.

Il Vescovo Guindani e Don Francesco Spinelli.

il progetto. La "mano di Dio" sembra sfrondare il percorso.
Non è casuale l'incontro di Caterina con don Francesco Spinelli, un sacerdote animato dallo stesso desiderio di costituire una comunità religiosa votata all'adorazione del Santissimo Sacramento e, contemporaneamente, dedita al soccorso di ragazze e giovani bisognose e malate, sulla scia e sul modello dell'operacreata a Torino da don Giuseppe Cottolengo.

Don Francesco Spinelli – nato il 14 aprile 1853 a Milano da genitori originari di Verdello (Bergamo), ordinato sacerdote nel 1875 dal Vescovo Speranza – è destinato alla parrocchia di Sant'Alessandro in Colonna, dove è Vicario lo zio don Pietro. Proprio qui, dove egli collabora con don Luigi Palazzolo, don Spinelli incontra Caterina Comensoli, giunta in Bergamo per accompagnare la contessa Ippolita in visita alla sorella Barbara, residente in Sant'Alessandro. Caterina aveva già avuto modo di ascoltare don Spinelli nel corso di un triduo di predicazione tenutosi a Capriate. Era rimasta impressionata dall'amore dimostrato da quel sacerdote per il Santo Sacramento. Tra i due c'è sintonia di pensiero sul "progetto comune". Ne parlano con il Vescovo Guindani, che li incoraggia a proseguire il cammino. Caterina sembra avere fretta. Si affida alla preghiera: "Io penso e prego sempre per il nostro scopo – così scrive a don Spinelli nel maggio del 1882 – e ho detto all'Amato nostro Gesù che faccia presto, presto…".

C'è anche chi non vede di buon occhio la nascente istituzione religiosa.
Come i nobili Fè d'Ostiani-Vitali i quali – indispettiti per le scelte che Caterina sta

maturando con don Spinelli – ne contrastano l'azione. Caterina e lo Spinelli passano per "teste calde". Li accusano di scelte avventate. Essi affrontano i commenti con serenità. Senza forzare i toni. Ad acque placate, è fissata la data per l'inizio ufficiale del nuovo istituto: sarà il 15 dicembre 1882. È individuato anche il luogo che ospiterà la piccola comunità.

Caterina e Don Francesco Spinelli verso la realizzazione del sogno comune.

È una povera dimora – poche e modeste stanzette disadorne, proprietà amministrata dalla Congregazione di Carità di Bergamo – situata in via Cavette, nella Parrocchia di Sant'Alessandro in Colonna. Caterina ricorda così quel giorno: "15 dicembre 1882, entrata in religione, via Cavette n° 10. Sono qui con mia sorella... A sera verrà una mia compagna; mio Dio, Monsignore mi assicura che è volontà di Dio. Sono qui dunque per fare la volontà di Dio e non la mia...". Caterina, la sorella Bartolomea e Maria Pandini si raccolgono in preghiera, per la prima ora di adorazione, davanti ad un'immagine del Sacro Cuore di Gesù. Più tardi giunge don Francesco Spinelli, nominato Superiore dell'Istituto dal Vescovo Guindani. La fondazione è avviata. Per Caterina si aprono una nuova fase di vita ed una straordinaria avventura spirituale.

Parte della prima casa della Fondazione, in via Cavette n°10.

Prende il nome di Geltrude

Davvero entusiasmanti quei primi cinque anni, dal 1882 al 1887. È un crescendo di opere e di eventi. Il 17 maggio 1883 don Spinelli inoltra domanda per poter conservare ed esporre alla pubblica adorazione il Santissimo Sacramento. Il mese successivo, il 21 giugno, nella piccola cappella è celebrata per la prima volta la Santa Messa, alla quale segue la prima pubblica adorazione. Nel luglio dello stesso anno è acquistato un adiacente lotto di terreno per edificarvi la Casa Madre dell'Istituto e la Chiesa dell'Adorazione. L'8 dicembre 1884 don Luigi Palazzolo guida gli esercizi spirituali per la nuova comunità. Ed il 15 dicembre Caterina corona il desiderio – il più rinviato, certamente il più bramato e sofferto – della sua vita. Lascia gli abiti civili, abbandona il nome di battesimo e viene "ribattezzata" in Cristo con il nome da religiosa. D'ora in avanti sarà suor Geltrude del Santissimo Sacramento e prende a patrona Santa Geltrude di Helfta, mistica del sec. XIII, animata da una particolare devozione per l'Eucaristia. Insieme a lei, altre sei compagne compiono la vestizione.

Caterina in adorazione, con Don Francesco Spinelli e le prime sorelle.

La via è tracciata. La piccola famiglia religiosa suscita interesse, soprattutto tra le giovani. Cresce, anche oltre via Cavette. Sorgono altri cenacoli eucaristici. Il primo è aperto in Borgo Santa Caterina, l'8 giugno 1885. Qui si forma la prima comunità filiale: le suore si dedicano all'assistenza ed

Il primo ampliamento della Casa di via Cavette.

Ancora oggi, la centenaria “Opera dei Tabernacoli” continua il suo prezioso aiuto alle chiese povere.

alla promozione umana e religiosa delle ragazze orfane occupate presso la Filanda Monzini Dell’Era. È un compito assunto nella scia delle indicazioni del Santo Padre Leone XIII. Sempre nel 1885 è aperta la casa di Rivolta d’Adda (Cremona); seguiranno quelle di Lenno, sulle sponde del Lago di Como (1885), Lodi (1886), Alzano Maggiore (1887) e Verdello (1887). Senza sosta anche i lavori per la chiesa di Casa madre, benedetta dal Vescovo Guindani il 26 dicembre 1886 e dedicata a San Giovanni Evangelista. Stupisce tutto questo fermento. Come pure le attività caritatevoli ed assistenziali avviate da don Spinelli. Don Francesco e Madre Geltrude, che non sono impresari, sperano nel lavoro della provvidenza e nell’aiuto dei benefattori.

L’intensa azione di partenza è accompagnata da una costante ricerca delle finalità e dell’identità spirituali della nuova opera. Madre Geltrude ne individua, da parte sua, le linee fondanti. Nel biennio 1884-1885 stende con il Superiore, don Spinelli, le prime Costituzioni. Tra quelle pagine ci sono le motivazioni spirituali della missione, centrata sulla fede in Gesù Cristo, incontrato, adorato, contemplato e “vissuto” nel sacrificio della Messa e nell’adorazione quotidiana al Santissimo Sacramento. È il punto fermo per poi vivere la carità tra i fratelli e le sorelle. Non si può condividere il pane con il prossimo – dice in sostanza Madre Comensoli – se prima non abbiamo fatto nostro il Pane che fa memoria della vita, della morte e della risurrezione del Cristo.

Adorazione ed apostolato eucaristici

La prima Cappella dell'Istituto.

Quadro del Sacro Cuore al quale la Comunità nascente dedicò la prima adorazione.

sono l'epicentro della vita di suor Geltrude e costituiscono l'architrave dell'istituto, votato al servizio educativo delle giovani operaie. Un'impostazione condivisa anche da don Spinelli, il quale intende la nuova congregazione anche come una "piccola casa della Provvidenza", come quella fondata a Torino dal Cottolengo. Egli apre le porte della comunità ad orfani e minori ammalati e disabili, che esigono cure continue, mezzi ed ambienti idonei, soprattutto risorse economiche che elargizioni e donazioni non riescono a sostenere. Erano stati rilevati costruzioni e terreni, contraendo mutui che presto si rivelano insostenibili. Di mese in mese i debiti si accumulano. Si vanno profilando grandi difficoltà che don Francesco, amministratore dell'istituto, non riesce a sanare, nemmeno con il sostegno di Madre Comensoli.

Sullo sfondo si agita pure la complessa questione della cosiddetta "Mensa Vescovile", per cui vengono ritirate anche le preannunciate garanzie della Cassa Ecclesiastica, già intervenuta con finanziamenti ed agevolazioni.

Cronache di un anno terribile

Madre Geltrude in abito di adorazione.

Don Francesco scrive strazianti lettere al Vescovo Guindani: "Ho coscienza di non aver lasciato intentato ogni sforzo... Molti dei creditori, se sentissero una buona parola aspetterebbero, esso (l'istituto) sarebbe salvo...". Ma i creditori non attendono. La bufera si avvicina. Ne è cosciente suor Geltrude. Si legge nelle sue Note intime del dicembre 1888: "Come il mio cuore è infelice!... Che ho fatto di bello appoggiandomi all'esperienza degli uomini? Ho guastato l'opera vostra, o Dio, ho rovinato tutto". Il 5 gennaio 1889 i creditori si riuniscono in assemblea e decidono di dichiarare il fallimento dell'istituto, istanza che il Tribunale di Bergamo accoglie il 19 dello stesso mese. Non lasciano spazio ad ulteriori commenti le note scritte da suor Geltrude: "Il giorno è questo della terribile catastrofe... Mio Gesù, di qui a qualche minuto verranno a metterci tutto sotto sigillo. Sostenetemi nella dura prova, aiutatemi per carità...".

Il dramma è rapido nel suo evolversi. Il 25 gennaio 1889 don Spinelli è allontanato dall'istituto dall'Autorità Civile: essendo stato dichiarato il fallimento, è in regime di custodia cautelare. Ma le autorità lasciano benevolmente al Vescovo la scelta di trasferire il sacerdote alla Casa del Clero, in via Cavette. "Il nostro Reve-rendo Padre Superiore – scrive Madre Geltrude – fu obbligato dall'obbedienza a lasciare Borgo S. Caterina per trasferirsi in

S. Antonio, Via Cavette, in faccia alla nostra casa. Quali intimi dolori...". Anche tutto ciò rientra in un disegno divino? Difficile a dirsi in quei frangenti. Ma, considerati gli eventi successivi, si scoprono logiche e traiettorie al fuori di ogni calcolo umano.

Don Francesco, il 4 marzo, raggiunge Rivolta d'Adda, accolto nella Diocesi di Cremona dal Vescovo Geremia Bonomelli. Qui, nella casa filiale acquistata nel 1885 ed intestata al fratello don Costanzo, portandosi dietro la croce del fallimento di via Cavette, riparte con il gruppo di suore che l'hanno seguito. Fonda le Suore Adoratrici, sempre con la finalità dell'adorazione eucaristica perpetua, dedite all'educazione della gioventù ed alla carità per gli anziani, i malati, i minorati ed i disabili. Muore il 6 febbraio 1913 e sarà proclamato Beato il 21 giugno 1992 da Giovanni Paolo II.

Don Giuseppe Limonta, secondo Superiore dal 1889 al 1891.

Madre Geltrude affronta quel terribile anno 1889 con dignità, consapevole di attraversare la "notte" dello smarrimento. Sopporta umiliazioni a catena: la rabbia dei creditori, l'onta dello scandalo, la mancanza di lavoro. La comunità è ridotta in miseria. Il Vescovo Guindani, che aveva intanto nominato don Giuseppe Limonta nuovo superiore dell'Istituto, di fronte alla pressione dell'opinione pubblica – in città era stata montata ad arte una campagna denigratoria contro le suore ed il clero – chiama suor Geltrude e le propone di sciogliere l'Istituto o, almeno provvisoriamente, di erigere l'Istituto fuori della diocesi di Bergamo.

Guindani stesso, il 26 novembre 1889, scrive al Vescovo di Lodi, mons. Giovanni

L'abbandono "forzato" della casa di via Cavette e il trasloco... in via S. Alessandro, n°104.

Battista Rota, chiedendo di favorire ed accogliere la Madre e la sua comunità.

Il 24 settembre 1890 la casa di via Cavette è venduta all'asta pubblica. L'11 novembre successivo, San Martino, Suor Geltrude e le consorelle sono davvero costrette a "fare San Martino", come si usa dire a Bergamo. Inenarrabile quel giorno. L'ultima ad uscire dalla casa di via Cavette è lei, la Madre. Ha il cuore che piange. Ed alla sua assistente, suor Filomena, pure in lacrime, promette: "Ritorneremo ancora". Si allontanano trainando un carretto – l'unica proprietà "salvata" dal disastro – e portandosi dietro la statua di Nostra Signora del Sacro Cuore, riacquistata all'asta da una signora e poi restituita a Madre Geltrude... Le suore – sono in trentasei – riparano in via Sant'Alessandro 104, in un'angusta abitazione in affitto, di fronte alla Chiesa di San Carlo. Un periodo difficile. Da far perdere la speranza. Ma la Madre sa che Dio non l'abbandona. E che tutto – compresa la prova durissima – ha un senso. Come lo ebbe, ad esempio, quel periodo trascorso a Chiari...

Da Lodi giunge una bella notizia: è stata accolta la proposta di erigere canonicamente in Diocesi l'Istituto di Madre Comensoli. L'ha deciso il Vescovo, monsignor Giovanni Battista Rota, che aveva conosciuto Caterina circa vent'anni prima, come domestica di famiglia, e ne ha custodito un vivo ricordo. Sono i mesi del provvidenziale esilio a Lodi, dove il Vescovo Rota, nel successivo 8 settembre 1891, erige canonicamente in Diocesi l'Istituto delle Suore Sacramentine di Bergamo. Quattro giorni dopo, diciotto giovani postulanti compiono la vestizione religiosa. E il 14 settembre la dimora aperta a Lavagna, nel Lodigiano, è la nuova Casa Madre.

La sensibilità del Vescovo Rota, e la simpatia incontrata in terra lodigiana, ridanno vigore all'opera. Il 26 febbraio 1892 il Vescovo di Lodi, nel primo giorno della sua visita pastorale a Lavagna, celebra solennemente la Professione Perpetua di Madre Geltrude. È un giorno di commozione, di festa e di speranza, per la Fondatrice e per le suore. Ma suor Geltrude pensa sempre a Bergamo, là dove ebbe inizio la fondazione. La nomina di Casa madre nella Diocesi di Lodi dura fino alla primavera del 1892. Poco più di un anno: giusto il tempo per la rinascita dell'opera. Poi la Madre torna "a casa", a Bergamo: qui lavorerà instancabilmente al radicamento dell'Istituto, a formarne "lo spirito religioso", a svilupparne la presenza e a redigerne le Costituzioni. Sempre con l'occhio, la mente e l'anima fissi sul Santissimo Cuore di Gesù, "sorgente inesausta del santo e perfetto amore".

La casa di Lavagna di Comazzo, in basso la stessa casa nella veduta aerea.

A sinistra: Mons. G.Battista Rota, Vescovo di Lodi (1834-1913).

Anima dal "temperamento di fuoco"

Mons. Luigi Bana, terzo Superiore dal 1891 al 1917.

È il 28 marzo 1892 quando Madre Geltrude, con le sue suore, rientra nella casa di via Cavette 10. Grazie a persone amiche, che consentono la sottoscrizione di un mutuo agevolato, l'immobile e la chiesa tornano alla comunità religiosa (1895). Suor Geltrude si impone "di fare ogni sacrificio ed attuare ogni industria per metterci in grado di coprire tutte le nostre attività in modo che nessuno soffrisse danno nemmeno di un centesimo". Qualche mese prima, l'8 dicembre 1891, il Vescovo Guindani aveva nominato Superiore della Congregazione il sacerdote Luigi Bana. Un "segnale" importante della volontà della Diocesi di sostenere il progetto di Madre Comensoli, la quale fa sua, anche questa volta, l'esortazione di Santa Teresa d'Avila, quando parla della necessità di ripartire sempre e comunque, anche dopo le cadute più dolorose.
La piccola suora venuta dalla Valle Camonica si rimbocca le maniche e ricomincia daccapo. Del resto, il concetto del ripartire e del risorgere appartiene al suo carattere spirituale. Accanto ai temi cari alla tradizione dei santi carmelitani, Madre Geltrude attinge alle lezioni della scuola di Sant'Ignazio di Loyola, di San Francesco di Sales, di Sant'Alfonso Maria de' Liguori e di Sant'Agostino. Guarda con simpatia anche alla testimonianza di Teresa Eustochio Verzeri. Sollecita le suore all'amore per San Giuseppe, per Nostra

Signora del Sacro Cuore di Gesù – in quegli anni molto venerata nel Santuario di Città Alta –, alla devozione per Santa Caterina, Sant'Orsola, San Luigi Gonzaga. Nell'anima di Madre Geltrude c'è tutto un mondo spirituale che inevitabilmente si riverbera negli orientamenti delle Costituzioni, alla cui stesura si dedica senza risparmio di energie.

Sulla Regola di Sant'Agostino – ispiratrice di tante "famiglie" religiose – suor Geltrude costruisce, con originalità, le fondamenta dell'Istituto delle Suore Sacramentine, la sua dimensione cristologica, incentrata su Gesù Cristo, primo adoratore del Padre, ispiratore, vivificatore e modello della vita sacramentina, chiamata alla profonda intimità con Cristo e votata all'adorazione perpetua dell'Uomo-Dio presente nell'Eucaristia. L'amore per Dio è centro propulsore di ogni rapporto con il Divino, in un desiderio di oblazione e di identificazione con il Cristo Ostia. Scrive suor Geltrude: "No, non permettere mai ch'io viva nemmeno un solo istante senza amarti, senza corrispondere al tuo amore...".

Nell'ora della tempesta Madre Geltrude invoca l'aiuto di San Giuseppe.

Casa Madre, dopo il riscatto della proprietà...

Madre Geltrude Comensoli invita all'adorazione di Gesù Eucaristia.

L'adorazione di Gesù Eucaristia è essenza e ragione di vita, oltre che cuore e messaggio fondante dell'Istituto. Adorare l'Eucaristia è il bisogno irresistibile di proiettarsi e identificarsi in Cristo attraverso la contemplazione del suo Corpo e del suo Sangue. L'amore a Gesù nell'Eucaristia porta Madre Comensoli ad abbandonarsi alla volontà del Padre ("Ogni mattina mi offrirò a Dio contenta di accettare tutto ciò che mi succederà lungo il dì, di lieto e di spiacevole, dalle sue sante mani"), all'esercizio continuo dell'abbassarsi e del rinnegarsi ("Quella cara umiltà è proprio qualche cosa di bello! E praticata dà una pace intima, profonda...), ad accogliere la sofferenza come grazia divina di redenzione, come desiderio di riparazione delle proprie e delle altrui mancanze ("Sono pronta a soffrire tutto ciò che la sua bontà mi farà patire in espiazione dei miei gravi peccati e per la salvezza delle anime").

"Temperamento di fuoco", Madre Geltrude ha lasciato pagine di riflessioni e di preghiere che ne disegnano l'anima ascetica e mistica ("Quanto desidero vederti, versare la mia anima nella tua... Non ho che Dio... La sua croce, le mie figlie..."), la ricerca continua di perfezione attraverso l'accettazione della propria croce ("Signore, se vi piace datemi pure tutte le malattie che volete. Fatemi morire, annientatemi perché io possa amarvi e farvi amare") e l'annullamento del proprio io e del proprio orgoglio.

L'amore per l'Eucaristia suggerisce a Madre Geltrude scelte, metodi ed impegni della vita religiosa.

547
914
1
2

Bergamo.
L'attuale Istituto Scolastico di via S. Antonino.

Momenti dell'attività formativa, ispirata al metodo pedagogico di Madre Geltrude, illuminato dalla fiducia nelle risorse individuali, e dal rispetto di ogni identità personale.

Alle suore ripete: "Anime, anime... Sorelle, portiamo a Gesù delle anime!". Il richiamo all'orazione è senza sosta. Il suo stile di vita è sobrio.
Si impone una ferrea autodisciplina.
Nessuno la vede mai agire con impulsività. Rifiuta preferenze o distinzioni persino in presenza di malattie e sofferenze fisiche personali. Il suo senso della giustizia è limpido: vuole suore e ragazze abituate a dire "bianco al bianco, nero al nero" ed invita le consorelle a non tirare sul prezzo delle merci acquistate "perché anche gli esercenti hanno diritto all'onesto guadagno".

Il suo metodo pedagogico è illuminato da principi di buon senso, dal rispetto di ogni identità personale, dalla fiducia nelle risorse individuali, dall'esercizio delle virtù: "Parlar poco, poco e sempre bene, sempre con carità". Raccomanda pazienza. E dice: "Con la dolcezza conquisterete i cuori". Sulla mitezza, e pure sull'allegria, Madre Comensoli imposta i progetti educativi per le orfane e per le ragazze lavoratrici. Uno "stile" raccomandato alle stesse

Una lezione nella scuola elementare.

..."Rapporti alla pari"...

A scuola...
e nella casa
di preghiera,
a Ranica.

suore: "Siate allegre! I musi non vanno d'accordo con la virtù... La religiosa deve farsi vedere sempre lieta e contenta, in pace con tutti, affabile, accondiscendente, dolcemente seria, allegramente seria".

Attinge, con sensibilità femminile, alla scuola di Teresa Eustochio Verzeri, il cui testo *Dei Doveri* consiglia a tutte le suore, in particolare a coloro che sono chiamate ad "educare la gioventù". Raccomanda di sostituire la pratica del castigo con l'aiuto caritatevole, la parola buona, l'esempio positivo, lo sforzo di calarsi sempre nelle difficoltà dell'altro. Il suo modello di tempo libero è gestito dal buon senso, dal rispetto reciproco, dal coinvolgimento del gruppo, dalle "regole del gioco" della civile convivenza. Incredibilmente moderni i suoi inviti alla moderazione, alla sobrietà, ad evitare sprechi e forme di consumismo. Insomma, Madre Geltrude disegna le linee di una personalissima "peer education", una forma di educazione tra pari nella quale tutti detengono ruoli, competenze e potenzialità da mettere al servizio del prossimo e del bene comune.

"Il mio viaggio per l'eternità"

Pagine sudate, meditate e calibrate, le *Costituzioni dell'Istituto delle Suore Sacramentine* sono il frutto di riflessione interiore e la sintesi di un'idea maturata e sofferta per un'intera vita. Suor Geltrude delinea una Congregazione fondata sull'Adorazione eucaristica perpetua, ispirata agli orientamenti di padre Eymard, fondatore della Congregazione del Santissimo Sacramento. L'azione caritativa è dispiegata in un vasto campo che abbraccia l'educazione delle giovani in condizioni disagiate materialmente e moralmente, scuole comunali e private, asili dell'infanzia, oratori festivi, assistenza delle ragazze operaie nei numerosi stabilimenti tessili sorti in quegli anni sul territorio.

Madre Geltrude inoltra la supplica a Papa Leone XIII il 17 giugno 1898. E attende con ansia il pronunciamento della Santa Sede. La risposta del Santo Padre non si fa attendere molto. L'11 aprile 1900 è emanato il "Decreto di Lode" per l'Istituto. La Madre potrebbe ora allentare il ritmo, prendersi qualche pausa. Ma non sarebbe la Madre. Sofferente nel fisico – si sottopone a penitenze corporali – e stremata per la mole di lavoro, suor Geltrude non si concede soste. Avvia convitti, guida gruppi di ragazze operaie, segue le ospiti del riformatorio femminile ed il lavoro nelle parrocchie e negli oratori, assiste poveri, anziani ed ammalati. Controlla con occhio vigile le finanze dell'Istituto, ormai

La piccola stanza dove il 18 febbraio 1903 Madre Geltrude concluse il suo viaggio verso l'Eternità.

Il campanile della chiesa dell'Adorazione.

Nostra Signora del Sacro Cuore di Gesù.

uscito dall'emergenza economica. Prende accordi per inviare le sue suore nelle scuole, fissando le mansioni con estrema precisione, come documentano le lettere scambiate con mons. Luigi Bana, rettore del Collegio Sant'Alessandro.

Infaticabile, animata da grande apertura sociale, suor Geltrude si occupa di avviare nuove comunità e dell'attività vocazionale. Sono 179 le professe e 21 le case aperte (6 delle quali all'interno degli stabilimenti tessili) fino al 18 febbraio 1903, il giorno in cui spirerà. Una data che – come vogliono suggerire le testimonianze raccolte dal primo biografo, don Carlo Comensoli – la Madre aveva forse previsto come vicina. Già nel 1901, il 14 giugno, così annota nelle *Note intime*: "È tanto breve il nostro pellegrinaggio! Facciamo presto a prepararci, onde lo Sposo non ci trovi con le lampade prive di olio". Diciotto mesi prima di morire, a Lavagna di Lodi, alla suora che le chiedeva di alcuni oggetti personali, così risponde: "Fate quello che volete, io in questa casa non ci tornerò più". E nell'agosto del 1902 scrive ad una consorella le testuali parole: "Io tengo poco lontano il mio viaggio per l'eternità, se non cambio vela...".

Una fine presagita, anche per via delle condizioni di salute sempre più precarie: forti dolori agli arti, allo stomaco, malessere generale. Una sofferenza vissuta nel silenzio: "Sarò dolcemente paziente. Non dirò a nessuno le mie pene, silenzio, voglio essere unita a Dio solo", si legge nelle sue *Note intime* sotto la data dell'1 febbraio 1903. Una decina di giorni dopo, il crollo. Come riferisce suor Zaveria Cassia, nella mattinata del 10 febbraio la Madre si alza, recita le lodi in chiesa e si mette al lavoro. Verso le ore 11 è aggredita da un dolore acutissimo. Trema ed una febbre fredda non le permette di reggersi in piedi. Il medico diagnostica una grave polmonite doppia. Nei giorni successivi, le condizioni fisiche peggiorano. Febbricitante, con il respiro affannoso ed il fisico sconquassato dal dolore, fino all'ultimo mantiene uno stato di lucidità. Si confessa e riceve l'Eucaristia.

All'alba del 18 febbraio vuole vedere le sue suore. Con voce strozzata, dice alle professe: "Vi raccomando l'osservanza della regola, il silenzio, il sacrificio, la povertà, l'ubbidienza". Ed alle novizie: "Siate religiose di criterio per essere di aiuto e non di peso ai superiori. Vi raccomando osservanza, osservanza, osservanza!". Saputo che era mercoledì, giorno dedicato a S. Giuseppe, esclama: "Oh, come mi fa bene il nome di S. Giuseppe! Quando la mia barca stava per affondare, fu lui che la salvò e la condusse in porto!". Poi quella richiesta: "Continuerà sempre l'adorazione?". Un ultimo sorriso. L'ultimo respiro.

È mezzogiorno. In Sant'Alessandro in Colonna il suono mesto delle campane annuncia la scomparsa della Madre. Ininterrotto il flusso di fedeli in via Cavette, a rendere omaggio alla Fondatrice delle Suore Sacramentine. Se ne è andata una Santa, dice la gente. Molti cercano reliquie, ritagliano frammenti di stoffa dall'abito della defunta. C'è anche chi, sulla salma, appoggia oggetti, come per "portarsi via" qualcosa della Madre. Il cordoglio è unanime. Imponenti i funerali – raccontati nella cronaca de *L'Eco di Bergamo* del

Bienno.
Statua di San Giuseppe nella chiesa parrocchiale dei Santi Faustino e Giovita.

21-22 febbraio 1903 – che vedono la presenza di una grande folla, con rappresentanze delle varie comunità sacramentine. Il Vescovo Guindani così scrive alle suore: "La vostra fondatrice era una grande donna e una vera santa. Se sapeste quanto ha sofferto, capireste che solo una santa può superare sì terribili prove".

Bergamo. *Casa Generalizia: Monumento dedicato alla Madre Fondatrice e l'urna che contiene il suo corpo.*

I grandi miracoli della carità

Il riconoscimento delle virtù e della santità di Madre Geltrude è sollecitato e richiesto a più livelli. Il Processo ordinario informativo è avviato il 18 febbraio 1928. Il Decreto degli Scritti, con il nulla osta per il proseguimento della Causa, è pubblicato il 22 maggio 1935. Sei anni dopo, il 4 giugno 1941, Papa Pio XII firma il Decreto dell'introduzione apostolica della Causa di Beatificazione. Papa Giovanni XXIII, il 26 aprile 1961, riconosce l'eroicità delle virtù di Geltrude Comensoli e la dichiara "Venerabile". È un miracolo, che vede protagonista un bambino brasiliano, Solano Favarin, guarito da una malattia incurabile dopo suppliche rivolte a Madre Geltrude, a spianare la strada – con decreto (13 maggio 1989) del Consiglio medico e della Consulta teologica vaticana – alla Beatificazione.

Giovanni Paolo II, il 1° ottobre 1989, proclama Beata la Fondatrice delle Suore Sacramentine, sottolineando come l'esempio del "Cristo povero ed umile, contemplato soprattutto nel mistero eucaristico" abbia guidato "l'impegno di Geltrude Comensoli nel faticoso itinerario spirituale e nelle travagliate vicende della fondazione delle Suore Sacramentine di Bergamo. È proprio l'umiltà del Pane eucaristico, sacramento della presenza reale di Cristo, che sostiene Geltrude e le consente di stare di fronte alla mensa dei potenti con l'intrepida costanza di Lazzaro,

"Adorazione e Missione" (opera del pittore Trento Longaretti).

Papa Giovanni Paolo II accarezza il piccolo miracolato, Solano Favarin.

nella volontaria scelta dell'evangelico "ultimo posto".

A vent'anni di distanza, il 26 aprile 2009, la canonizzazione, preannunciata il 17 marzo 2008 dal Decreto, firmato da Papa Benedetto XVI, che riconosce "il miracolo, attribuito all'intercessione della Beata Geltrude Comensoli (al secolo: Caterina), Fondatrice dell'Istituto delle Suore del Santissimo Sacramento".

L'evento prodigioso, anche questa volta, è accaduto ad un bambino, il piccolo Vasco Ricchini di Agnosine (Brescia).

Un'altra guarigione "scientificamente inspiegabile". Nel 2001, Vasco – che all'epoca ha quattro anni – entra in coma irreversibile per una meningite fulminante. I medici lo danno per spacciato. Trascorre la notte in rianimazione. Sotto la testa gli è stata posta una reliquia della Beata Geltrude Comensoli. E ad Agnosine le Suore Sacramentine, con le famiglie e la gente, pregano insistentemente. All'alba il bambino riapre gli occhi e chiede di tornare a casa, come se nulla fosse successo.

Un fatto incredibile. Un segno della benevolenza di Madre Geltrude per i più piccoli e i più indifesi.

"Adorazione e Missione" (opera del pittore Luigi Arzuffi).

Facciata della Basilica di S. Pietro con lo stendardo della Beatificazione e momenti della Celebrazione Eucaristica del 1.10.1989.

Suor Geltrude, ancora oggi, continua ad essere presente, tra noi, con i piccoli ed i grandi "miracoli" quotidiani compiuti nel nome di Gesù Eucaristia. Miracoli che trasformano la preghiera in carità. Come ai tempi in cui la Madre avviò la sua opera. Certo, qualcosa è cambiato; le mutate condizioni della società hanno visto l'Istituto rispondere ai nuovi contesti pastorali, sociali ed educativi. Ma intatta è la forza della testimonianza di suor Geltrude, il cui corpo brunito, custodito in un'urna, è venerato presso la Chiesa Madre della ex via Cavette, ora via Sant'Antonino.

Le Suore Sacramentine, negli oltre cento anni trascorsi dalla morte della Fondatrice, si sono diffuse in varie parti d'Italia.
Sono una novantina le comunità "nazionali", alcune delle quali fondate dalla stessa Madre, distribuite sul territorio come risposta ad emergenze e necessità locali. Ogni comunità ha una propria storia, legata alle vicende delle singole chiese e popolazioni. Storie di sacrifici e di obiettivi condivisi, sempre dalla parte della gente. Ed anche storie di martirio, come quella – ad esempio – della comunità del quartiere San Lorenzo in Roma, dove il 14 marzo 1944, un bombardamento aereo distrugge l'asilo parrocchiale, provocando la morte di 9 suore, che erano comunque riuscite a mettere al riparo gli oltre cento bambini.

Storie di eroismo e storie senza frontiere. Lo spirito missionario di Madre Comensoli è stato portato in Africa orientale (1939-1943), in Cina (1940-1951) e in Brasile, dove dal 1946 sono state fondate ben quindici comunità distribuite in quattro Stati. Attualmente sono aperte case in

Africa – quattro in Malawi e tre in Kenya –, sei comunità in Ecuador, due in Bolivia ed una in Croazia. Insomma, una presenza evangelica ad ampio raggio, per pregare ed onorare il Pane eucaristico e per condividere il pane della carità con gli ultimi e con i poveri. Questa la sfida che una comunità di donne vive e rinnova, giorno dopo giorno, nella scia dell'insegnamento e delle parole di Madre Geltrude: "Non vi sarà mai perfetta unione e pace, ove non regna la carità".

Le suore Sacramentine in una Missione "senza frontiere".

BIBLIOGRAFIA ESSENZIALE

AA.VV., *Una chiesa per l'adorazione 1886-1986.* Istituto Suore Sacramentine di Bergamo, Grafiche Signorelli, Calvenzano 1986.

BOLIS E., *"Gesù, amarti e farti amare", L'esperienza spirituale della beata Geltrude Comensoli,* Edizioni Glossa, Milano 2007.

CAMOZZI E. - MORELLI R. - ZANCHI G., *Gaetano Camillo Guindani Vescovo di Bergamo e la questione della Mensa Vescovile 1868-1891,* Studi e Memorie, Edizioni Glossa, Milano 2005.

COMENSOLI C., *Un'anima eucaristica. Biografia della Ven.le Madre Geltrude Comensoli,* Tipografia Secomandi, Bergamo 1981.

COMENSOLI G., *Gli Scritti,* Suore Sacramentine di Bergamo, Morcelliana, Brescia 1981 (seconda edizione, 2000).

MORSTABILINI L., *Cristo Eucaristico senso di una vita, Note di spiritualità della Beata Geltrude Comensoli,* Istituto Sacramentine di Bergamo, Morcelliana, Brescia 1989.

ZANCHI G., GELTRUDE COMENSOLI, *"L'abbandono in Colui che tutto può" 1847-1903,* Studi e Memorie, Edizioni Glossa, Milano 2005.

SUORE SACRAMENTINE
in Missione

in **BRASILE**
dal 1946

in **MALAWI**
dal 1976

in **ECUADOR**
dal 1987

in **KENYA**
dal 1991

in **BOLIVIA**
dal 2005

in **CROAZIA**
dal 2006

Indice

Introduzione 3

Un Pane per la Vita 5

Come un cavallo senza briglia 7

"Vi giuro un milione di volte..." 10

La "rivoluzione" della carità 14

Nel buio della crisi 17

"Ho già scelto di meglio" 19

Il giorno in cui tutto iniziò 22

Prende il nome di Geltrude 25

Cronache di un anno terribile 28

Anima dal "temperamento di fuoco" . . 32

"Il mio viaggio per l'eternità" 39

I grandi miracoli della carità 43

Bibliografia essenziale 46

Suore Sacramentine in Missione 47